AF269350

Patricia Molina Gallego

APULEYO EDICIONES   FOMENTO DE VALORES   CUENTOS ILUSTRADOS

Mi abuela Luna

APULEYO EDICIONES   FOMENTO DE VALORES   CUENTOS ILUSTRADOS

—Mami, una pregunta. ¿Quién es tu mamá? Yo nunca la he
visto, solo en fotos quizás. Todo el mundo habla de ella
y quiero saber un poquito más.

FOTOS

—Mi mamá es tu abuela Luna, una astronauta de verdad, un día quiso hacer un viaje y por el cielo comenzó a volar.

—Ahhhh.
¿Pero ella vive allí arriba?
¿Su casa por dónde está? ¿Por la
izquierda... o quizás por la derecha?
¿Hay que subir, o bajar?

Tú siempre dices que solo sale de noche para verme
descansar, pero, ¡mira! Ahora mismo está allí arriba
¡y quiere conmigo jugar!

Pero qué traviesa la abuela Luna.
Entre las nubes viene y va, está jugando conmigo,
¿verdad, mamá?

¿Algún día puede
venir a por mí al cole,
a la gimnasia o a pasear?

Ya sé que es astronauta y que está muy ocupada, pero quiero que baje y me traiga un trocito de luna como almohada.

ABUELA LUNA

AAAA
¿DÓNDE ESTÁS?

—Cariño, ¿ves todas las
estrellas que brillan en el cielo?
Es el camino para darle
a la abuela un beso.

—Pero, mami, hasta allí arriba no puedo llegar...

—Claro, cariño,
porque solo hace falta imaginar
que se lo quieres dar.

Ella vive en tu mente; también en tu corazón y desde allí arriba nos manda siempre todo su amor.

© Patricia Molina Gallego (de la obra)
©Apuleyo Ediciones (de esta edición)
Primera edición en Apuleyo Ediciones: julio 2024
Diseño de cubierta: Sofía Corzo González
Corrección: Aitor Andreu Guerrero
Maquetación: Domingo Carrasco Martín
Ilustraciones: Fabi Cassanelli
Coordinación editorial: Isidoro Cidre González
info@apuleyoediciones.com
www.apuleyoediciones.com
ISBN: 978-84-1060-167-3
Depósito legal: H 129-2024

Hecho e impreso en España.

Mi abuela Luna

APULEYO EDICIONES   FOMENTO DE VALORES   CUENTOS ILUSTRADOS

Patricia Molina Gallego